Porque Falham as Startups?
E o que podemos aprender com isso?

Rescaldo do Encontro Anual da Dinâmica XXI

rededinamicaxxxi.pt
BigDataMarketing.pt

Fernando C. Gaspar

Santarém, Julho 2017

Encontro Anual
APREDIN

Sophia e Lara, jovens doutoradas em ciências médicas e em engenharia de materiais, respetivamente, tinham desenvolvido um produto extremamente inovador capaz de poupar muitos meses na recuperação das cada vez mais comuns fracturas da anca (fémur).

Ambas loiras e magras, falando excelente inglês, expressavam o seu desalento e simultaneamente o seu espanto, porque o produto que tinham desenvolvido era não só o último grito na tecnologia, como economicamente permitiria a poupança de milhões às seguradoras e aos serviços nacionais de saúde.

Uma agulha num material que o corpo não rejeitava (em 99% dos casos), permitia que o osso fracturado ficasse imobilizado e permitia a sua consolidação em pouco mais de metade do tempo.

"Como é possível que ninguém nos tenha adquirido um produto com esta excelência? Do ponto vista médico é muito avançado e permite resultados fantásticos, do ponto de vista económico permite poupar milhões e, no entanto, ninguém quis comprar. Como é possível?" dizia a Sophia.

"Eu acho que é por a Grécia ter a fama que tem actualmente" dizia Lara (em 2012), com o semblante pesado de quem tinha envelhecido mais com esta experiência do que no resto dos seus menos de 30 anos.

Não foi fácil explicar-lhes que a excelência do produto não é, só por si, garantia de sucesso...

A percentagem de *startups* que falham e fecham ao fim de poucos anos ou apenas meses de atividade é assustadoramente elevada. Muitos estudos publicados apontam para valores acima dos 80%. Mesmo as *startups* criadas em "meios protegidos", como incubadoras ou aceleradoras, registam níveis de falhanço ainda muito altos. Dependendo dos estudos registam-se valores entre os 40 e os 60%.

No entanto, essas *startups* são geralmente criadas com enormes expectativas justificadas pela utilização das mais avançadas tecnologias para criar produtos e/ou serviços que sirvam muito melhor os clientes.

Utilizar as mais recentes tecnologias para criar melhores produtos e serviços devia ser um caminho para o sucesso, sobretudo porque devia acrescentar valor à vida dos clientes mas não parece ser isso que acontece no caso de muitas destas *startups*.

Encontro Anual
APREDIN

Os estudos conhecidos apontam que uma das principais causas para o falhanço das *startups* está na estratégia de marketing adoptada.

Nos tempos mais recentes, com a adoção generalizada da filosofia *"Lean"* na criação das *startups,* passámos até a testar junto de clientes reais a utilização dessas tecnologias mais avançadas para criar produtos que os clientes realmente desejem. E mesmo assim...

Mesmo assim, as *startups* continuam a falhar com uma frequência assustadora, o que justifica que se estudem as razões por detrás desse falhanço.

Neste livro, e na sequência da discussão que decorreu no Encontro Anual Dinâmica XXI, em Maio de 2017, vão-se expor as principais razões que levam a esse falhanço e vai-se demonstrar o que se pode fazer de radicalmente diferente para levar uma *startup* ao sucesso.

O mais importante que pode ganhar em ler este curto livro é aprender a utilizar as tecnologias de marketing do século XXI.

Encontro Anual
APREDIN

Conteúdo

1. Razões para as *Startups* falharem 5
2. A típica estratégia de marketing duma *startup* 7
3. O que fazem as incumbentes 9
4. O que podem fazer as *startups* 12
   4.1. *Storytelling* 16
   4.2. Criar hábitos de consumo, através de mecanismos psicológicos 19
   4.3. Psychometrics 25
   4.4. Big Data Marketing 26
   4.5. Comunicação microdireccionada 26
5. Conclusões 30
6. Nota biográfica 32

Objetivos

- Analisar as razões das startups falharem tantas vezes
- Estudar o possível papel do marketing na prevenção desses falhanços
- Identificar ferramentas e estratégias de marketing do século XXI que podem ajudar as startups

Encontro Anual
APREDIN

1. Razões para as *Startups* falharem

As *startups* que falham fazem-no por uma quantidade de razões[1], das quais sobressaem:

- Falta de financiamento;
- Falta de vendas.

Acontece muito mais faltarem as vendas do que faltar o financiamento. Na verdade, a falta de financiamento parece funcionar com "filtro" que impede projetos em princípio menos bons de chegarem a arrancar, enquanto a falta de vendas leva ao precipício projetos que já tinham arrancado e pareciam prometedores.

Mas então, porque não vendem estas *startups*, quando os produtos e/ou serviços que desenvolveram convenceram os mais astutos investidores e utilizam muitas vezes o último grito da tecnologia para melhorar a vida dos clientes. As razões para não venderem podem ser várias mas caem sempre nestas áreas:

- Não conseguem notoriedade;
- Não ganham tracção;
- São batidas pela concorrência.

Apesar de oferecerem a mais avançada tecnologia (muitas vezes desenvolvida pela própria *startup*) e de terem os "melhores" produtos para o cliente, a verdade é que muitas *startups* passam despercebidas ao cliente alvo que nunca chega a tomar conhecimento do que ela tem para lhe oferecer.

Outras conseguem chegar ao conhecimento dos clientes alvo, mas estes não aderem ao novo produto, não demonstram interesse depois de tomarem conhecimento, nem mesmo depois de experimentarem o produto/serviço.

Duma forma ou de outra, o que acontece às *Startups* é que são batidas pelas concorrentes, mais frequentemente, pelas concorrentes já instaladas (incumbentes) que o consumidor já conhece há muito tempo, com cujos produtos o consumidor desenvolveu longos hábitos de consumo.

---

[1] Silva, Francisco M. (2013) *Fatores que contribuem para o insucesso das Startups: O reverso da "medalha"*. Dissertação de mestrado na Universidade do Minho

Encontro Anual
APREDIN

Como vamos observar mais em detalhe, o que geralmente acontece é a *startup* entrar no mercado com o melhor produto, usando a melhor tecnologia, mas ser batida por estratégias e tecnologias de marketing largamente superiores.

Tão superiores que fazem lembrar uma corrida entre um Ferrari (incumbentes) e uma bicicleta (*startup*).

Em boa parte isso resulta do facto de as *startups* usarem a mais recente tecnologia no desenvolvimento do seu produto/serviço, mas usarem tecnologia de marketing do século XIX.

Isto tanto acontece com as startups portuguesas, como brasileiras ou (como no exemplo anterior) gregas!

Vamos começar por analisar o que tipicamente fazem as *startups*.

Encontro Anual
APREDIN

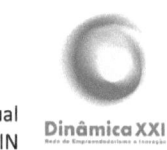

2. A típica estratégia de marketing duma *startup*

João e Frederico desenvolveram uma ideia de negócio no apoio ao comércio local durante a licenciatura. Querem organizar uma plataforma que permita ao comerciante atrair online clientes para o seu negócio offline.

Claro que fizeram estudos de mercado! Grupos de foco com potenciais clientes, entrevistas estruturadas com comerciantes, inquéritos online a centenas de potenciais clientes...

"O nosso protótipo recebeu as melhores reações tanto de comerciantes, como de clientes", afirmou o João, enquanto batia com os dedos nervosamente na mesa. Nem ele nem o Frederico entendiam a dificuldade em obter o apoio que pretendiam. O que podia falhar?

Tipicamente, quando uma *startup* arranca fez previamente algum tipo de estudo de mercado e adotou alguma forma de segmentação. Espera-se até que saiba a que segmento se pretende dirigir.

Para convencer os consumidores desse segmento alvo, a estratégia de marketing da *startup* define um posicionamento desejado, a imagem que se pretende construir para a marca, geralmente baseado num dos benefícios que o produto/serviço pretende proporcionar aos clientes.

Depois, para levar estas ideias à prática, a *startup* constrói um plano de marketing, definindo, planeando e até orçamentando o que pretende fazer para construir essa imagem que definiu para a sua marca, em termos de produto, de preço, de praça e (regra geral, sobretudo) de promoção.

Nada de errado com esta linha de ação. É o que dizem os manuais de marketing. Há décadas.

O problema é mesmo esse. Há décadas que as empresas incumbentes fazem isto. Já estudaram o mercado, já segmentaram o mercado, já lançaram marcas com incessantes mensagens publicitárias para ocupar a mente do consumidor.

O que é que as *startups* trazem de novo, neste campo? Regra geral, tentam fazer o mesmo que as incumbentes, com menos orçamento, menos notoriedade, menos experiência,...

Podem até ter melhores produtos/serviços, mas a estratégia e tecnologia de marketing utilizadas é a mesma de sempre.

Encontro Anual
APREDIN

> Ou seja, utilizam tecnologia de marketing que era muito avançada no século XIX!
>
> Bicicletas

A filosofia *Lean Startup* veio, no entanto, trazer novidades. Muitas *startups* são hoje em dia criadas com recurso a estratégias de marketing avançadas.

Seguindo o trabalho original de Steve Blank[2], começam por tentar descobrir quem são os potenciais clientes e o que querem realmente comprar, depois tentam validar um modelo de vendas replicável, na fase a que se chama *customer validation*, a seguir vão procurar clientes, ganhando escala e só numa quarta fase estabelecem a estrutura e os procedimentos normais numa empresa.

Customer Discovery → Customer Validation → Customer Creation → Company Building

Descobrir os clientes e o que eles realmente querem comprar, é uma forma muito mais avançada de definir a oferta da empresa.

No entanto, quando chegamos à fase de construir um modelo de vendas e o replicar, para ganhar escala, ficamos limitados às mesmas estratégias e tecnologias que são utilizadas há décadas pelas incumbentes.

Na verdade, mesmo na fase de *customer discovery* os esforços da *startup* são em grande parte centrados na identificação das necessidades dos clientes que a *startup* pode satisfazer bem e na definição do segmento alvo a escolher.

No fundo, estratégias muito atuais, muito avançadas mas baseadas na mesma tecnologia que as incumbentes utilizam há décadas.

É como se a *startup* competisse com uma bicicleta construída em fibra de carbono, com pneus ultra aderentes e competitivos. Uma bicicleta fantástica, super leve e rápida mas... uma bicicleta! (a concorrência vai de Ferrari, como veremos adiante)

> Ou seja, tecnologia de marketing do século XIX, com estratégias do século XXI
>
> Bicicleta do Século XXI

---

[2] Blank, Steve (2005) **The Four Steps To The Epiphany** Amazon

Fernando C. Gaspar

Encontro Anual APREDIN

3. O que fazem as incumbentes

Como assim, as concorrentes incumbentes vão de Ferrari? O que fazem de tão diferente, de tão avançado as concorrentes incumbentes?

Não podemos generalizar, pelo que devemos focar nas mais avançadas, normalmente multinacionais de grande dimensão, com grandes orçamentos de marketing e longa experiência no mercado.

E o que fazem estas empresas?

Muitas destas empresas já perceberam que as pessoas não consomem para "satisfazer necessidades", nem para "satisfazer desejos". As pessoas consomem por hábito.

O homem é um animal de hábitos!

Esta frase batida resume o essencial dos mercados nos dias de hoje. Mais de 90% das nossas decisões de compra são reposição dum produto que acabou ou repetição duma decisão anterior.

O ser humano para se sentir seguro necessita de rotinas, todo o nosso comportamento de compra visa estabelecer rotinas, hábitos (mesmo que andemos sempre a dizer que odiamos a rotina e nos queixemos do "tédio"). Basta ver o comportamento das crianças pequenas. Basta chegarem atrasadas à creche e já o mundo lhes parece horrível, já ficam a fazer birrinhas, em vez de serem as criaturinhas encantadoras que são nos dias em que as suas rotinas são respeitadas.

Os hábitos passaram a ser a verdadeira matéria prima do marketing.

> Francisco compra camisas na loja do shopping mais perto de sua casa desde... nem se lembra. Compra alimentação e produtos de higiene e limpeza no hipermercado a dois km de casa, desde que ele abriu.
>
> "Todos os sábados vou jantar à churrasqueira janota e todos os domingos de manhã vou ao café central ler o jornal e tomar um café".
>
> "Porquê? É o hábito"!
>
> Francisco não analisa detalhadamente as alternativas antes de tomar cada uma destas decisões de compra. Elas fazem parte das suas rotinas, do seu estilo de vida.

Encontro Anual
APREDIN

"O que é que me pode fazer mudar? Não sei".

Do ponto de vista do marketing, aquela teoria que se ensina nos livros sobre "estudar os mercados para encontrar necessidades por satisfazer" deixou há muito de ter aplicação, porque já não há "necessidades por satisfazer". As pessoas já satisfazem as suas necessidades de alguma forma, portanto, já compram alguma coisa para satisfazer a necessidade a que nos dirigimos. Para comprarem o nosso produto/serviço vão deixar de comprar outro, ou seja, vão mudar os seus hábitos (neste caso, hábitos de consumo) e conseguir isso é muito difícil!

Na verdade, os segmentos de mercado que estudamos acabam por ser o resultado dos hábitos de consumo que os consumidores desenvolveram ao longo do tempo.

O que pode levar as pessoas a alterar os seus hábitos? Não muita coisa.

Podem fartar-se dos hábitos atuais e procurar alguma variedade. Muitas vezes isto significa que vão comprar uma saia vermelha... depois de terem comprado uma rosa no ano anterior... e, ainda assim, continuam a comprar saias...

Podem convencer-se que podem melhorar a sua vida mudando de hábitos, apesar dos grandes custos que essa mudança sempre acarreta.

Ou podem estar a chegar ao mercado e vão procurar constituir novos hábitos.

Perante isto, o que fazem as incumbentes mais avançadas?

- Criam hábitos de consumo, utilizando aquilo que a psicologia nos ensina a esse respeito;
- Reforçam os hábitos que os seus clientes desenvolveram, tentando evitar que eles mudem;
- Usam o *storytelling* para fazer passar mensagens "inocentes" e dissimuladas aos consumidores, mostrando-lhes como podem melhorar a sua vida se mudarem os seus hábitos de consumo ou se reforçarem os actuais;
- Testam continuamente os sentimentos do consumidor relativamente à marca.

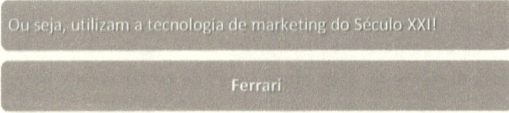
Ou seja, utilizam a tecnologia de marketing do Século XXI!
Ferrari

Encontro Anual APREDIN

Em comparação com as *startups,* utilizam tecnologias de marketing muito mais avançadas, embora utilizem tecnologias de produto menos actuais. No fundo, vão de Ferrari!

Encontro Anual
APREDIN

4. O que podem fazer as *startups*

Estivemos a analisar o que pode correr (e corre) mal para as *startups*, do ponto de vista do marketing, mas a perspetiva deste livro não é catastrofista, é optimista, em grande parte porque estas novas tecnologias de marketing são facilmente copiáveis e tudo no marketing está a passar por um momento de grande transformação, abrindo assim possibilidades para as *startups* não só acompanharem os avanços de muitas incumbentes como irem para além do que a maioria das marcas faz actualmente.

Antes de mais nada, é necessário que a criação duma *startup* e/ou o lançamento duma nova marca seja focada nos hábitos de consumo das pessoas e não mais na segmentação do mercado ou nas necessidades dessas pessoas.

É claro que na base de tudo continuam a estar as necessidades do consumidor e a sua satisfação. É claro que as diferenças entre as preferências das pessoas continuam a justificar o tratamento diferenciado de diferentes segmentos. Nada disso mudou.

O que tem de mudar é o foco do criador de novos produtos ou *startups*.

Continuar a estudar as necessidades das pessoas não vai levar-nos a descobrir melhores formas de as satisfazer. Já está tudo muito estudado. Mesmo que isso acontecesse, não é por descobrir uma melhor forma de satisfazer as necessidades das pessoas que elas vão preferir o novo produto ou *startup* e alterar os seus hábitos de consumo. A história está cheia de produtos superiores que falharam. Alguém ainda se lembra do Betamax[3]?

Também não adianta continuar a procurar a nova forma "milagrosa" de segmentar o mercado. Já se tentou tudo.

O foco da criação dum novo produto/serviço deve ser a criação de novos hábitos de consumo e/ou a alteração dos hábitos actuais, para levar o consumidor a adoptar o novo produto/serviço, deixando aquilo que actualmente compra.

---

[3] Se for realmente demasiado jovem para se recordar disto, fique com esta ideia simples: quando surgiram os gravadores de vídeo domésticos (grande inovação), existiam duas normas, VHS e Betamax. O segundo era tecnicamente superior em muitos aspectos. Não sobreviveu muito tempo, ao contrário do VHS que ainda pode ser encontrada em muitas salas de estar.

É mais fácil conseguir isso se o novo produto/serviço for superior aos incumbentes, mas isso só por si não chega.

Então como pode o empreendedor criar ou alterar hábitos de consumo que as pessoas desenvolveram ao longo de anos, para as levar a adotar o seu novo produto/serviço?

1. Adotando os conhecimentos que a psicologia nos disponibiliza sobre a criação de hábitos na mente humana;
2. Utilizando o *Storytelling* para mostrar ao consumidor que pode melhorar a sua história;
3. Utilizando uma segmentação psicográfica, que o marketing conhece há muito tempo mas até há pouco não dispunha de dados para poder aplicar e que hoje se tornou possível graças ao "mar de dados" que todos passámos a produzir;
4. Fazendo uso das mais recentes técnicas a que vamos chamar por conveniência "Big Data" para fazer chegar ao consumidor uma comunicação micro segmentada[4].

O sucesso na introdução dum novo produto implica, no fundo:

- Mudanças nos hábitos de consumo;
- Integração no estilo de vida do consumidor;
- Integração na narrativa interna do consumidor.

Ou seja, é necessário conseguir alterar os hábitos de consumo das pessoas, de forma a que estes integrem o novo produto/serviço no seu estilo de vida.

Para isso tudo acontecer, precisamos conseguir que o consumidor integre na sua narrativa interna uma racionalização da escolha pelo novo produto/serviço.

Narrativa interna do consumidor?

---

[4] Portanto, vamos usar os segmentos que já todos conhecemos e estudámos e vamos microsegmentar com variáveis psicométricas, isto sim, algo que ainda pouco se faz e pode ser uma vantagem para quem entra no mercado.

Encontro Anual
APREDIN

O que é isso?

A psicologia nos ensina que todos nós contamos pequenas histórias a nós próprios (e às vezes partilhamo-las com outros) sobre as nossas vidas.

Essas histórias (narrativas) servem para a nossa mente racionalizar, explicar e aceitar as decisões que tomámos.

Naturalmente, cada pessoa tem diversas narrativas em paralelo para diversas áreas da sua vida, mas para conseguirmos dormir à noite é necessário que a nossa mente seja capaz de racionalizar as decisões que tomámos em narrativas aceitáveis internamente. O exemplo mais extremo que conheço fala de Hitler. Ele não dizia a si próprio "sou um monstro horrível porque hoje mandei assassinar x milhões de judeus". Ele teria certamente racionalizado as decisões que tomou em narrativas aceitáveis para a sua mente, do género "estou a salvar a pátria Ariana da destruição que os judeus estavam a preparar", para poder dormir à noite. Ainda assim, tenho dificuldade em perceber como conseguia dormir, mas a capacidade da mente humana para racionalizar decisões aparentemente inexplicáveis não pára de me surpreender.

Assim sendo, o objetivo último do marketing deve ser como conseguir a inceção de ideias (absolutamente inocentes) na narrativa interna do consumidor, levando-o a pensar que foi ele quem escolheu comprar aquele produto/serviço.

Incrível como isto fica a anos-luz da tradicional estratégia de marketing das *startups*.

Muito poderíamos analisar aqui sobre este fenómeno da Racionalização, mas vamo-nos restringir a alguns pontos fundamentais:

- As nossas tendências levam a um processo mental conhecido por racionalização através do qual mudamos as nossas atitudes e crenças para nos conseguirmos adaptar psicologicamente;
- A racionalização ajuda-nos a dar razões para explicar os nossos comportamentos, mesmo quando essas razões possam ter sido desenhadas por outros.

Encontro Anual APREDIN

> O nosso processo mental de racionalização das nossas escolhas traduz-se na narrativa interna de cada um

Algumas das características mais importantes deste processo:

- Nós sobrevalorizamos irracionalmente os nossos esforços;
    - Isso leva-nos, por exemplo, a sempre achar que o que nos ocupa tempo e trabalho vale mais do que realmente acontece. As pessoas sempre sobrevalorizam os móveis Ikea, depois de passarem um domingo inteiro a montá-los;
- Nós procuramos sempre ser consistentes com os nossos comportamentos passados;
    - Detestamos ser apanhados em contradições, o que significa que depois de algo acontecer uma primeira vez (quebrar o gelo) é muito mais fácil fazer com que se repita;
- Nós procuramos evitar a dissonância cognitiva.
    - Aquela sensação desagradável de que se fez uma escolha "errada", porque choca com as nossas crenças ou sentimentos. Não gostamos disso. Por isso, na fábula de Esopo, a raposa que tentava apanhar as uvas quando desistiu não disse para si própria "estavam demasiado altas" ou "eu salto muito pouco". Isso iria entrar em dissonância com a sua crença nas próprias capacidades. Por isso, a raposa disse "estavam verdes". Também nós, que não vivemos numa fábula do Esopo, no nosso processo de racionalização das decisões que tomamos na vida construímos narrativas (histórias / fábulas) que nos ajudam a evitar a dissonância cognitiva, nem que para isso recorramos a uma manipulação irracional da forma como vemos o mundo (no exemplo acima, para Hitler a culpa sempre foi dos judeus).

No fundo, as nossas escolhas são resultantes deste processo de racionalização:

Encontro Anual
APREDIN

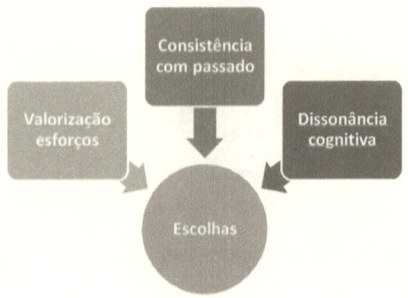

Recapitulando, a integração das decisões de compra na narrativa interna do consumidor faz-se através duma história que contamos a nós próprios (e, às vezes, aos outros).

Essa integração pode ser (e muitas vezes é) feita através da adoção duma história que a marca nos conta.

Essa situação é exemplificativa da importância que o *Storytelling* pode ter no marketing actual.

4.1. Storytelling

O que é afinal isso do *storytelling* de que tantos falam hoje em dia e que importância pode ter para o sucesso das *startups*?

Lembra-se da Cinderela? Da Bela Adormecida? Do rei Artur?

E lembra-se do relatório que leu no final da semana passada?

Pois...

O *storytelling* poderia ser definido como a arte de transmitir informação que o recipiente vai recordar durante muito tempo.

A dificuldade que as audiências revelam para reter e recordar a informação que lhes é transmitida resulta, acima de tudo, da falta de envolvimento emocional na forma de transmissão dessa informação.

Por outras palavras, as pessoas recordam uma história, sobretudo se ela tiver os ingredientes chave da milenar arte do *storytelling* e recordam a informação que nela for "embutida".

Encontro Anual
APREDIN

Se essa mesma informação for transmitida "a seco", as pessoas não se vão lembrar de nada, passado 2 minutos.

Acresce que uma história chama sempre a atenção de quem ouve, porque o ser humano está geneticamente programado para ouvir e prestar atenção a histórias, resultado dos milhares de anos de evolução em que a transmissão de conhecimento entre gerações era feita desta forma.

Alguém começa a contar uma história e nós prestamos atenção sem darmos por isso. Não o conseguimos evitar.

Em vez disso, alguém começa a debitar informação (por exemplo, com uma lista de pontos em Powerpoint) e nós... desligamos, a nossa mente vai para longe, possivelmente recordar histórias antigas... Também não o conseguimos evitar.

Quais são esses "ingredientes chave" que caracterizam uma boa história, um bom *storytelling*?

Se recordar as histórias infantis que lhe contavam em criança, ou se analisar os filmes de Hollywood, vai reconhecer em quase todos os seguintes elementos.

- A história é contada seguindo um percurso com 4 etapas fundamentais;
- Existe um conflito entre o bem e o mal, cujo resultado é difícil de prever. Um conflito equilibrado, que pode acabar bem ou não.

As 4 etapas duma boa história são fáceis de identificar em qualquer história de fadas:

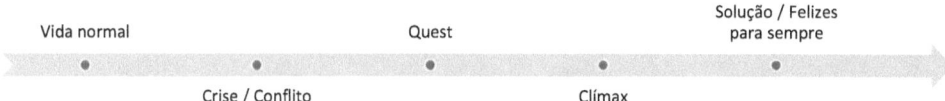

Há uma fase inicial em que tudo está bem e depois surge uma crise, um acontecimento que coloca tudo em questão, deixando evidente que surgiu um conflito entre o mal (geralmente muito forte) e o bem (geralmente menos forte e aparentemente em desvantagem). É a madrasta que casa com o pai da Cinderela, ou a bruxa que leva a Bela Adormecida a picar o dedo no tear...

A partir daí entramos na fase do "quest", uma viagem, uma busca para resolver a crise e vencer o conflito, geralmente com diversas peripécias. É a aprendizagem que o Luke Skywalker precisa fazer com o Yoda ou a proteção dos 7 anões à Branca de Neve...

Até que essa "viagem/quest" culmina no momento da verdade, no clímax. É nesta altura que o bem vence o conflito com o mal e passamos a uma situação de "felizes para sempre". É aqui que o Darth Vader se vira contra o imperador ou que a Bela se apaixona pelo Beast, mesmo antes que a última pétala da rosa caia...

Nalguns filmes "negros"... não! O conflito não é vencido pelo bem!

Este aspeto do conflito é essencial para captar a atenção da audiência. A incerteza no resultado, a curiosidade para ver como o bem vai ultrapassar as dificuldades e as desvantagens prendem o espetador ao banco do cinema (ou sofá de casa) e criam uma ligação emocional com o herói da história que leva o espectador a "sentir" as mesmas emoções que ele. Essas emoções serão responsáveis pela gravação na memória do espetador da informação que foi transmitida. Lembre-se, por exemplo, que foi assim que os filmes de Hollywood levaram o cigarro a todo o mundo.

Para integrar o *storytelling* na estratégia de marketing, precisamos lembrar que o consumidor passa pelo processo a que chamámos de racionalização das suas escolhas, criando uma narrativa interna composta por várias histórias / narrativas para as diferentes áreas da sua vida.

Para o ajudarmos a mudar os seus hábitos ou, pelo contrário, a mantê-los podemos fazer-lhe chegar histórias que ele possa integrar na sua narrativa interna, de preferência histórias de heróis nos quais ele se possa rever, com os quais ele se possa conectar.

A imagem da marca, a comunicação da marca, deve ser feita por forma a mostrar ao consumidor uma história melhor do que a sua narrativa atual, para ele querer mudar (ou manter).

Ou seja, a marca precisa construir uma percepção (tudo o que conta para a decisão do consumidor) de superioridade, mostrando ao consumidor como a sua narrativa atual pode ser melhorada. Vamos mostrar ao consumidor histórias que ele queira adoptar, por serem melhores que a sua narrativa actual.

Claro que ajuda muito se o novo produto for realmente melhor que os existentes, mas isso não chega. É preciso mostrar ao consumidor uma história de utilização do novo produto em que o herói fica claramente melhor do que a sua actual narrativa.

Encontro Anual APREDIN

Analisar as necessidades e a satisfação do consumidor passa, assim, essencialmente por entender qual é a história que ele conta a si próprio (e a algumas outras pessoas) atualmente. A partir daí saberemos como lhe podemos mostrar uma história melhor.

A partir daí podemos:

1. Escolher o conteúdo da história que vamos direccionar para cada segmento alvo (já voltaremos a isto);
2. Desenhar histórias para cada segmento alvo, de acordo com os melhores princípios do *storytelling* que vimos acima (estas são as histórias que vão criar "tribos" de consumidores);
3. Dar a estas histórias a forma mais adequada para os canais de comunicação que forem escolhidos (vídeo, livros, artigos, anúncios escritos, anúncios sonoros,...)

No marketing actual iremos microsegmentar o mercado, o que poderá significar uma multidão de mensagens / histórias diferentes, mas isso fica para outra secção mais adiante.

4.2. Criar hábitos de consumo, através de mecanismos psicológicos

> Hábito: comportamento automático despoletado por sugestões situacionais.

Uma *startup*, para competir em pé de igualdade com as incumbentes, precisa fazer tudo para criar hábitos de consumo, levando o consumidor a alterar os seus antigos hábitos, utilizando os mesmos mecanismos psicológicos que as mais avançadas já vêm empregando.

A melhor forma de o fazer consiste em adoptar e seguir o modelo Hook[5].

Este modelo assume que só é possível criar hábitos para comportamentos que sejam suficientemente frequentes e cuja utilidade seja percebida pelo consumidor como suficientemente importante.

Consiste, no fundo, num ciclo de 4 fases que, se for repetido um número de vezes suficiente, dá origem a um novo hábito. O modelo pretende, na realidade, ligar o problema do consumidor a

---

[5] Eyal, Nir (2014) **Hooked: How to Build Habit-Forming Products**. Penguim, NYC

Encontro Anual
APREDIN

uma solução (o nosso produto / serviço), com a frequência necessária para criar um hábito. A partir daí, o consumidor fica "habituado" a resolver aquele problema / necessidade com aquele produto / serviço (o nosso).

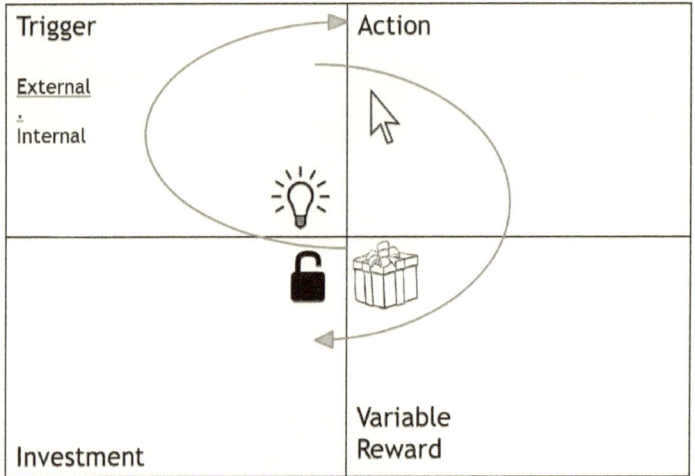

De forma simples e algo simplista, podemos dizer que todos os comportamentos são despoletados por algo, por um *Trigger* (gatilho), que pode ser interno ou externo. Esse *Trigger* leva a pessoa a tomar uma certa ação, que lhe permite receber uma determinada recompensa. Para terminar, o produto / serviço deve proporcionar alguma forma de investimento que leve o consumidor a querer voltar e querer repetir todo o ciclo.

Tipicamente, os comportamentos são despoletados por um factor que lembra ao consumidor a necessidade de resolver alguma situação (tomemos como exemplo a situação de crise em que falta o papel higiénico lá em casa).

Esses *Triggers* podem ser internos ou externos. Os primeiros manifestam-se automaticamente na mente, enquanto os segundos são produzidos pela ambiente e estimulam os sentidos da pessoa.

Quando estamos a lançar um novo produto / serviço não existem *Triggers* internos que levem o consumidor a procurá-lo porque ainda não existe uma ligação entre a nossa solução (produto/serviço) e o problema que o consumidor precisa resolver.

Precisamos então começar por usar *Triggers* externos. Se tivermos sucesso, no futuro isso vai deixar de ser necessário.

Que *Triggers* externos (estimulam os sentidos) podemos usar:

- Pagos (ou seja, publicidade, seja *on* ou *offline*);
- Adquiridos (ou seja, tipicamente o resultado de relações públicas, como artigos ou vídeos/*posts* virais nas redes sociais ou a própria colocação na app store);
- Relacionais (como *likes* e comentários nas redes sociais, publicidade de boca em boca,...);
- Próprios (ocupam um espaço no ambiente do utilizador, como por exemplo os ícones das *apps* nos telefones).

Através dum ou vários destes *Triggers* externos vamos lembrar o consumidor de que o papel higiénico lá em casa pode estar esgotado, para ele passar à fase seguinte: ação.

Como vimos, também existem *Triggers* internos que podem ter o mesmo efeito. Na verdade, nós queremos que no futuro sejam esses *Triggers* internos a levar o consumidor a procurar a nossa solução. Tudo o que os *Triggers* fazem é alertar o consumidor para o problema, nós vamos querer construir uma ligação entre o problema e a nossa solução.

Quais são os *Triggers* internos (manifestam-se automaticamente na mente)? Emoções!

- Emoções negativas (aborrecimento, solidão, frustração, confusão, indecisão), que criam uma pequena dor e ela vai levar-nos a alguma ação;
    - Na verdade, a nossa vida é feita de pequenos fatores de stress que nos levam a reagir para os resolver.
- Emoções positivas, algo mais raro.

Está aborrecido? Vai ao Facebook procurar *posts* com títulos dramáticos.

Está stressado? Vai acalmar com o Pinterest.

Está solitário? Vai ao Facebook / Twitter procurar amigos.

Incerteza, está com dúvidas? Vai ao Google fazer uma busca.

Voltando ao exemplo anterior, aquilo que nos pode alertar para o problema da falta de papel higiénico é o medo (emoção negativa) de virmos a precisar de ir ao wc e...

Dificilmente uma emoção positiva nos vai lembrar da falta de papel higiénico. Será que a satisfação por termos um papel higiénico lindo (preto) nos vai fazer pensar nisso e lembrar da falta?

Mais facilmente um anúncio com um cão fofinho a brincar com rolos de papel higiénico nos fará lembrar disso...

Despoletado o *Trigger* que nos recorda o problema, passamos à acção... vamos resolver o problema.

Ora, aqui precisamos de ligar o problema do utilizador à nossa solução. A acção dele tem de ser procurar a nossa solução.

Aquilo que sabemos é que para o comportamento que desejamos acontecer é necessário reunir duas condições: *ability* e *motivation*. Capacidade e motivação. Precisamos que o consumidor tenha a possibilidade (seja capaz) de realizar esse comportamento e precisamos que ele queira, esteja motivado para isso.

Começando pela *ability*, sabemos que pelo menos 6 factores afectam a capacidade do consumidor para realizar qualquer comportamento:

Time	• Quanto demora a completar a ação
Money	• Custo fiscal da ação
Physical effort	• O trabalho que dá a ação
Brain cycles	• O nível de esforço mental e foco requerido para a ação
Social deviance	• Até que ponto o comportamento é aceite pelos outros
Non-routive	• Até que ponto a ação corresponde ou quebra a rotina

Ou seja, podemos dizer que quanto mais tempo levar, quanto mais dinheiro custar, quanto mais esforço físico requerer, quanto mais esforço e foco mental requerer, quanto menos for aceite pelos outros e quanto mais quebre a rotina, mais dificilmente um comportamento será realizado pelo consumidor. E vice-versa.

Precisamos, portanto, tudo fazer para aumentar a *ability* do consumidor, reduzindo ao máximo esses obstáculos, para que o consumidor não deixe de comprar o nosso papel higiénico por falta

Encontro Anual
APREDIN

de dinheiro, de tempo, por preguiça física ou mental, por isso não ser aceite pela sociedade ou por lhe dar cabo das suas rotinas.

Relativamente à *motivation*, o que sabemos sobre aquilo que motiva todos os comportamentos humanos pode ser resumido da seguinte forma:

O ser humano quer prazer ou, pelo menos, evitar dor.

Quer esperança ou, pelo menos, evitar o medo.

Quer ser aceite socialmente ou, pelo menos, não ser rejeitado.

Qualquer deles pode levar o consumidor a tomar a ação, o comportamento que pretendemos, é preciso escolher. Voltando ao nosso exemplo, o consumidor fica com medo de ficar sem papel higiénico e a forma de evitar esse medo que nós queremos que ele adopte é comprar o nosso produto.

Depois de conseguirmos que o consumidor adopte a ação que pretendíamos, ele terá acesso à sua recompensa. Foi para isso que escolheu o nosso produto/serviço!

Precisamos ter em conta que, na verdade, a recompensa que o nosso produto/serviço dá ao consumidor vai-se enquadrar pelo menos num de 3 tipos:

Tribe: ser mais aceite, ser mais atrativo, ser mais importante, ser mais incluído, são recompensas sociais que alimentam o relacionamento com as outras pessoas. No fundo, são gratificações recebidas dos outros, por usar aquele produto/serviço.

Hunt: a busca de recursos materiais (coisas, dinheiro) e de informação.

Self: As pessoas procuram ganhar um sentido de competência, domínio, consistência ou conclusão.

Juntar mistério a estas recompensas torna tudo mais apetecível. As recompensas têm de alinhar na narrativa que damos ao consumidor para ele usar o produto e alinhar com os *Triggers* e motivações internas do consumidor. Precisamos ainda tornar essas experiências variáveis, para manter o mistério que faz as pessoas quererem voltar. Caso contrário, as pessoas vão acabar por se sentir insatisfeitas e "querer mais", abrindo espaço para que adiram às narrativas de concorrentes. É isto que explica o sucesso das inúmeras variedades de papel higiénico, com muitas cores, muitos desenhos, reciclado, dupla folha,... num produto que tem uma função, supostamente, extremamente simples, certo?

Chegamos à fase final do modelo Hook, em que o que está em jogo é a antecipação de recompensas futuras e já não a obtenção de recompensas imediatas.

Sabemos que, quanto mais o consumidor investir na nossa marca, mais dificuldade vai ter para mudar. É por isso que dificilmente as pessoas trocam o Facebook ou o Linkedin por outras redes sociais: já investiram anos das suas vidas naqueles produtos, abandonar esse investimento é muito difícil.

Sabemos também, como vimos anteriormente, que as escolhas do consumidor são grandemente condicionadas pelo passado:

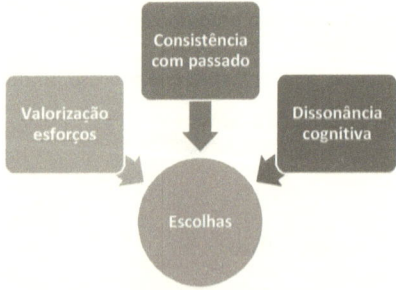

Armados deste conhecimento da psicologia da formação de hábitos de consumo, as *startups* têm mais possibilidades atingir um sucesso que só pode passar pela alteração dos hábitos de consumo atuais dos consumidores.

4.3. Psychometrics

Será mais fácil conseguir esse objetivo se utilizar conhecimento profundo que a psicologia nos oferece há décadas sobre o perfil psicológico do consumidor, com o denominado modelo OCEAN, que avalia os seres humanos com base em 5 características de personalidade.

Este modelo é extraordinariamente preciso na avaliação das necessidades e receios das pessoas e nas previsões do comportamento das mesmas, mas não foi usado no passado pelo marketing pela dificuldade na recolha de dados, que tinha de ser feita através dum questionário complicado e altamente pessoal.

O modelo avalia 5 características de personalidade das pessoas.

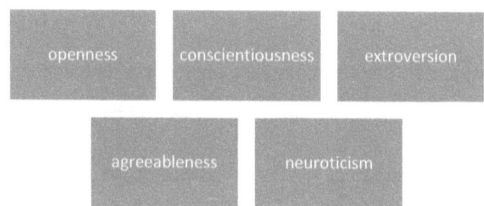

Com base nestas 5 dimensões, podemos fazer uma avaliação bastante precisa de cada pessoa.

openness	• aberto a novas experiências?
conscientiousness	• perfeccionista a que ponto?
extroversion	• quão sociável?
agreeableness	• quão atencioso e cooperativo?
neuroticism	• quão fácil de chatear?

Se até recentemente este modelo, apesar da sua robustez e capacidade previsão não era usado pela dificuldade em recolher dados, nos dias de hoje isso deixou de ser um problema graças ao mar de dados que todos nós passámos a produzir diariamente consciente e inconscientemente.

Na verdade, vários estudos demonstraram a facilidade de utilizar a informação deixada nas redes sociais para aplicar o modelo OCEAN e avaliar a personalidade das pessoas.

Com base apenas nos "*likes*" no Facebook, é possível prever com incrível precisão o comportamento das pessoas. É inacreditável verificar que:

- Com 70 *likes* sabemos mais do que os amigos da pessoa;
- Com 150 mais do que os pais;

- Com 300 mais do que o/a esposo/a.[6]

É fácil (e assustador) verificar que com informação (*likes*) suficiente poderemos prever os comportamentos da pessoa melhor e antes dela própria.

4.4. Big Data Marketing

Uma *startup* pode ultrapassar a sua desvantagem inicial se usar as mesmas tecnologias que as incumbentes mais avançadas. Pode tirar usar as pilhas de dados sobre o consumidor, que ele (e todos nós) vai deixando por toda a parte, especialmente nas redes sociais (*likes*, fotos, número de fotos, número de amigos, geolocalização, deslocações,...), para microsegmentar o mercado com base em variáveis psicométricas.

Vimos anteriormente que o consumidor funciona com base em hábitos de compra, e que vimos que racionaliza esses hábitos com uma narrativa interna, histórias que conta a si próprio.

A ideia é estudar essas histórias e cruzá-las com o perfil psicométrico do consumidor, o já mencionado modelo OCEAN.

Depois disso podemos usar mensagens multisegmentadas e microdireccionadas para "mostrar uma história melhor" ao consumidor e criar novos hábitos de consumo, usando o modelo Hook.

4.5. Comunicação microdireccionada

Este aspeto da comunicação foi deixado para o final de forma propositada, porque é o lado mais "sexy" do marketing mas se não for integrado numa estratégia coerente e utilizadora das mais recentes tecnologias de marketing, estará condenada ao insucesso.

A comunicação sofreu diversas transformações nos tempos mais recentes que podemos resumir em 3 fases:

1. Modelo do pregão

---

[6] http://applymagicsauce.com/

Encontro Anual
APREDIN

O modelo do "pregão", prevalecente desde o início dos tempos (por exemplo, nas feiras medievais) até à web 1.0 consistia num vendedor gritando (no inicio, literalmente) para os seus clientes uma mensagem que supostamente os iria convencer a comprar o seu produto/serviço.

2. Modelo da rede

O modelo do pregão foi substituído quando o consumidor passou a consumidor-produtor de informação, quando as marcas deixaram de dominar a comunicação e passaram a poder apenas tentar ouvir e influenciar o que se diz a seu respeito. Isto aconteceu essencialmente com o advento das redes sociais, ou da web 2.0.

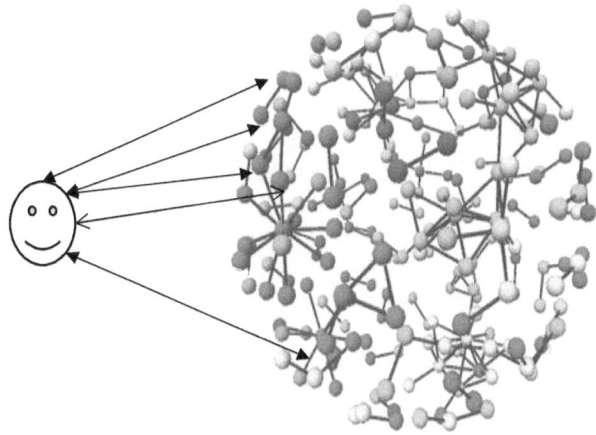

3. Modelo de comunicação multidireccionada

Em vez de tentar influenciar uma comunicação que não controla, as marcas hoje podem retomar o controlo da comunicação com inúmeras fontes (robots) a debitar mensagens

Encontro Anual
APREDIN

microdireccionadas a microsegmentos, se necessário multiplicando essas fontes até tornar as comunicações independentes irrelevantes.

Ou seja, segmentando o mercado em microsegmentos, com base em variáveis psicométricas, avaliadas graças à utilização de métodos *Big Data* para analisar o oceano de dados disponibilizados pelo consumidor dos dias de hoje, podemos dirigir a cada microsegmento uma mensagem específica, utilizando para isso (se necessário) *bots*.

Isto significa que a marca retoma o controlo da comunicação.

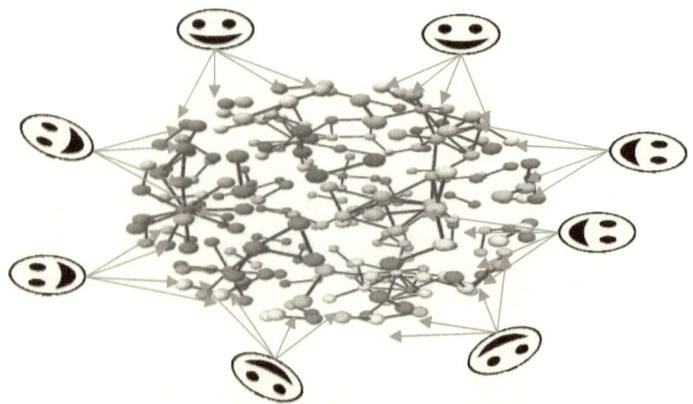

Significa também que a marca pode abandonar o conceito, central na tecnologia de marketing do passado, de posicionamento único.

A *Unique Selling Proposition* (USP), o posicionamento único (e claro e simples) era um conceito absolutamente central no marketing e era um conceito indisputado. Ninguém se opunha, porque se conseguir passar ao consumidor uma USP já era difícil, imaginem o que seria tentar fazer passar várias ideias.

É isso precisamente que a comunicação multidireccionada permite. Um posicionamento para cada microsegmento. Um benefício diferente do produto/serviço salientado para cada diferente segmento.

Tecnologia de marketing do século XXI.

Ferrari!

Quer competir com a sua bicicleta inventada no século XIX?   Encontro Anual
                                                                              APREDIN

Encontro Anual APREDIN

5. Conclusões

Na realidade, não lhe estamos a propor que leve o seu próprio Ferrari para esta corrida, até porque se você está a criar uma *startup* duvido que o orçamento dê para isso.

Na verdade, esta tecnologia de marketing do século XXI caracteriza-se por um grau de eficácia muito superior, que permite fazer chegar a mensagem certa ao microsegmento adequado, e apenas a esse. Sem redundância. (redundância era a palavra chave do marketing no tempo em que compensava fazer um anúncio a seguir ao jornal da noite do único canal de televisão).

Se é verdade que a maioria das *startups* falham por causa das vendas, também é verdade que isso pode ser largamente melhorado se a *startup* dedicar tanta atenção à tecnologia de marketing como dedica à tecnologia do produto.

Ou seja, se não quiser concorrer contra os Ferraris da concorrência com uma bicicleta, mesmo que seja uma bicicleta em fibra de carbono, especial de corrida!

Se concorrer com um Tesla ou outro desportivo elétrico, terá bem mais hipóteses de sucesso. E o orçamento para combustível será bem mais reduzido. O investimento inicial é, na verdade, feito em estudo e conhecimento, pelo que não depende tanto do orçamento.

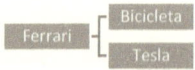

Escolher o Tesla em vez da bicicleta está ao alcance das *startups* graças às tecnologias de marketing do século XXI, anteriormente descrita e que podemos combinar num gráfico como este:

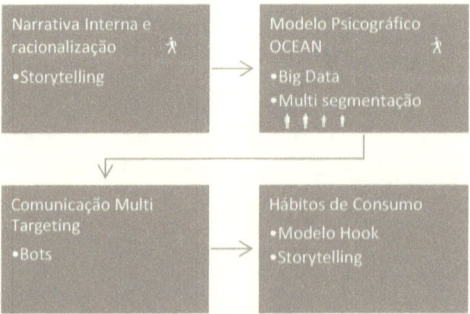

No fundo, é possível dar um destino muito mais brilhante aos novos (e muitas vezes fantásticos) novos produtos / serviços que são desenvolvidos pelas *startups* combinando 3 elementos: o modelo comportamental (psicométrico) OCEAN, *Big Data analysis* e comunicação microdireccionada.

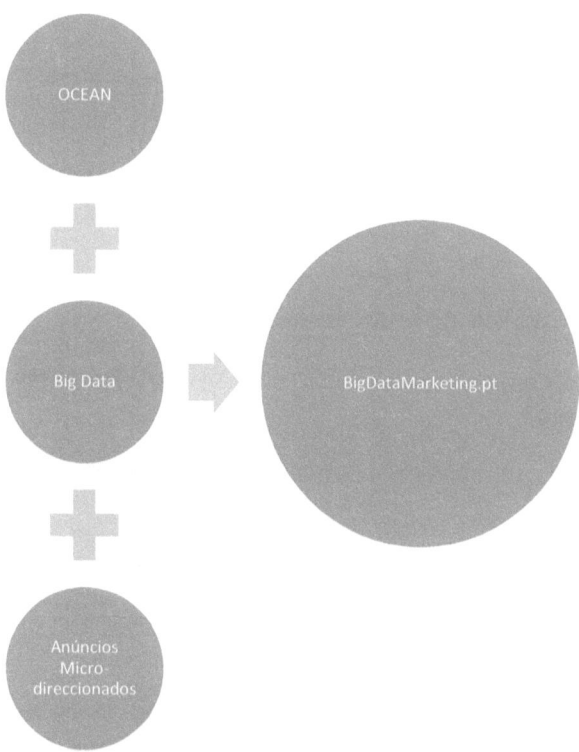

A próxima invenção de Sophia e Lara não irá parar às mãos duma multinacional alemã, como aconteceu no desespero da experiência anterior.

As duas jovens sabem agora que precisam analisar os hábitos de médicos e seguradoras e montar uma campanha de comunicação microdireccionada para mostrar a cada microsegmento uma história melhor, demonstrando que podem melhorar a vida dos seus pacientes e clientes se usarem o novo produto que elas estão a desenvolver. Infelizmente, por razões comerciais não quiseram ainda dizer o que é. Querem que as suas histórias sejam surpreendentes...

Encontro Anual
APREDIN

6. Nota biográfica

Fernando C. Gaspar (1963). Doutoramento em Gestão sobre empreendedorismo, na Universidade Lusíada de Lisboa. Licenciatura em economia e MBA na Universidade Nova de Lisboa.

Professor Adjunto no Instituto Politécnico de Santarém onde leciona Marketing e Empreendedorismo. fernando.gaspar@esg.ipsantarem.pt

Diretor do CEP – Centro Avançado de Estudos e Projetos, na Universidade Autónoma de Lisboa. fgaspar@autonoma.pt

Artigos e comunicações publicados, em três línguas, em conferências científicas e revistas nacionais e internacionais e disponíveis aqui.

Livros publicados:

- Gestão de Empresas (1993) ISEGI, Lisboa. ISBN: 972-8093-04-7.

- O Processo Empreendedor e a Criação de Empresas de Sucesso (2009) Edições Sílabo, Lisboa. ISBN 978-972-618-525-3

- O Comércio de Sucesso e a Distribuição no Novo Milénio (2011) Edições Bubok, Spain, ISBN 978-989-97016-0-1

- Dicionário de Gestão (2014) Escolar Editora, Lisboa. ISBN: 9789725924358

Membro Fundador do AUDAX – Centro de Investigação e Apoio ao Empreendedorismo e Empresas Familiares (ISCTE).

Foi Presidente e criador da Delegação em Santarém da Associação Nacional dos Jovens Empresários (ANJE), diretor técnico de projetos europeus INTERREG MED e membro da direção do SNESup – Sindicato Nacional do Ensino Superior.

Foi, ele próprio, empreendedor tendo criado empresas nos sectores do software, imobiliário e consultoria e adquirido outras nas indústrias das tintas e dos plásticos. Também criou clubes desportivos, associações culturais e novas atividades no interior das empresas por onde passou.

Desde 2012 preside à direção da Associação Promotora da Rede Dinâmica XXI (APREDIN), que agrupa municípios, parques tecnológicos, universidades e particulares interessados na promoção do desenvolvimento económico através da inovação e do empreendedorismo. fernando.gaspar@apredin.com.pt

Encontro Anual
APREDIN

Também através desta associação assumiu responsabilidades na organização do congresso denominado Estados Gerais da Gestão nos Países de Expressão Latina (EGGPEL).

Foi, através da APREDIN coordenador técnico do projeto INTERREG MED Technopolis (2007-2013), que desenvolveu uma rede de estruturas de interface tecnológico e desenvolveu cursos de formação/acção em 7 regiões de 5 países da europa mediterrânica (Portugal, Espanha, França, Itália e Grécia). Antes disso participou no projeto INTERREG MEDDOC Technopolis (2003-2006).

www.ingramcontent.com/pod-product-compliance
Lightning Source LLC
Chambersburg PA
CBHW020715180526
45163CB00008B/3099